ATELIER

Édouard Sain

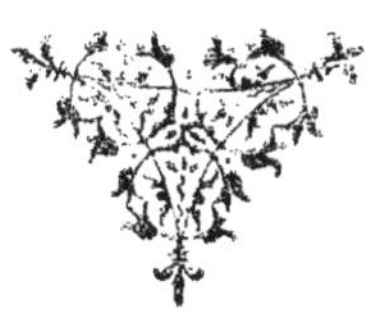

ATELIER

ÉDOUARD SAIN

CONDITIONS DE LA VENTE

Elle sera faite au comptant.

Les adjudicataires paieront **dix pour cent** en sus des enchères.

Paris. — Imp. Georges Petit, 12, rue Godot-de-Mauroi. — 20736-10

CATALOGUE

DES

TABLEAUX

ÉTUDES, DESSIN, PASTEL

PAR

ÉDOUARD SAIN

TABLEAUX

de l'École Française du XVIIIe siècle

Composant l'Atelier ÉDOUARD SAIN

ET DONT LA VENTE, APRÈS DÉCÈS, AURA LIEU

HOTEL DROUOT, Salle N° 11

Le Samedi 10 Décembre 1910

à deux heures

COMMISSAIRE-PRISEUR	EXPERT
Me F. LAIR-DUBREUIL	**M. GEORGES PETIT**
6, rue Favart, 6	8, rue de Sèze, 8

EXPOSITION PUBLIQUE

Le Vendredi 9 Décembre 1910, de 2 heures à 6 heures.

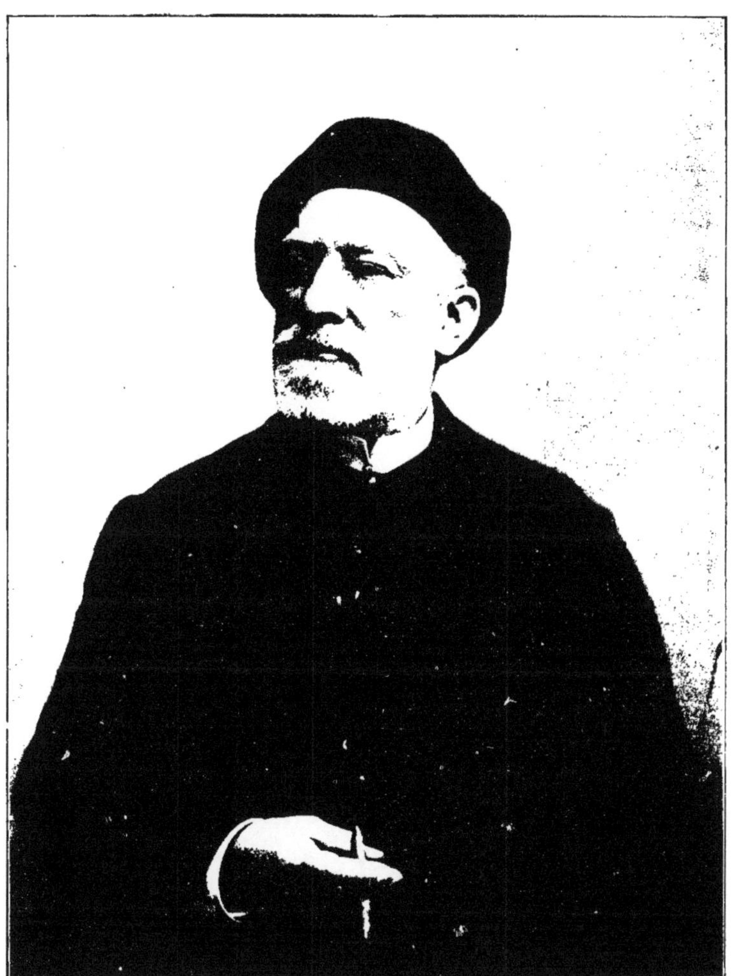

EDOUARD SAIN.

ÉDOUARD SAIN

Voici encore un atelier d'artiste dont on va disperser aux enchères tous les éléments, et voici qu'une tristesse nous poigne à l'heure de cette dispersion. Dans ces tableaux, dans ces esquisses, dans ces études, dans ces dessins, dans tout ce que garde un artiste, tout ce qui est le cadre de ses journées de labeur, le témoignage de ses heures d'inspiration, il y a plus que des choses matérielles; il y a une secrète palpitation, il y a les étincellements d'âme de l'artiste, et la dispersion est comme une ultime et inévitable désagrégation d'un organisme qui meurt lui-même, après un deuil initial.

Édouard Sain, né en 1830 en Saône-et-Loire, mais élevé à Valenciennes, où, dès l'adolescence, il suivit l'enseignement de Julien Potier, professeur à l'Académie, où il eut pour camarades : Carpeaux, Ed. Guillaume, Hyolle, Crauck, Constant, Moyaux. Édouard Sain, qui fut un travailleur infatigable, mais dont la carrière connut les longues attentes et les entraves qu'il faut surmonter une à une, Édouard Sain avait imprimé assez de son âme à tout ce qu'il fit, pour que la sensation que j'indiquais plus haut fût très marquée, pour ceux qui l'ont connu, qui l'ont aimé, et qui viendront assister à la vente de son atelier.

Parmi les générations nouvelles, celles qui brûlent un encens quelque peu aventuré, devant l'autel de certains fantoches, plus encore industriels masqués que fantoches inconscients, l'œuvre d'Édouard Sain est mal connue, je dirai presque volontairement méconnue. Et pourtant, la carrière du peintre s'offre à l'étude avec une très noble unité d'évolution. Élevé dans le culte de la ligne et d'une certaine beauté plastique, un peu classique, Sain se plut à retrouver des expressions hautaines, presque des expressions « éternelles », dans le geste et l'attitude des figures humbles qu'il vit d'abord agir devant lui. Très épris de plein air, il fut bien aller chercher ses types dans des pays de légende ; mais, alors qu'il était jeune, il était pauvre, et force lui était de prendre ses modèles là où il pouvait aller en excursionniste économe. La campagne de France lui offrit suffisamment de travailleurs et de travailleuses, pour qu'il découvrît, en leur manière d'être, une expression spéciale de beauté. Ce ne fut que plus tard, alors que le succès était venu, que Édouard Sain s'en fut en Italie et qu'il fit de Capri son paradis. Là, l'élève de Picot, le camarade et l'ami de Hamon, eut la révélation de la beauté qu'il rêvait ; il put se laisser aller à son inspiration cousine de la tradition antique, et l'on sait quelle suite d'œuvres sérieuses, d'une conception poétique et d'un arrangement habile, il créa depuis *le Payement*, de 1865, jusqu'à l'*Andromède*, de 1877, sans oublier la *Fileuse à Capri,* la *Romaine* et la *Napolitaine,* de 1870 ; la *Convalescente en pèlerinage à la madone d'Angri,* de 1873 ; *la Mariée de Capri,* de 1874 ; *le Repas de noces à Capri,* de 1875 ; *Jésus et la Samaritaine,* de 1876, etc.

Le public n'avait pas attendu d'ailleurs ces tableaux où s'évoquent tant de grâce, ces figures à qui Horace eût dédié des vers, pour reconnaître le talent de l'artiste et fêter aux Salons ses œuvres tels que *Vénus et l'Amour* (1851), *le Cabaret de Ramponneau* (1857), *la Poupée, la Soupe, la Rêveuse, le Départ pour l'école, l'Herbagère,* etc.; et l'État n'hésita pas à récompenser l'effort constant du peintre, en se rendant acquéreur de plusieurs de ses œuvres pour les musées : *Départ pour la messe* (musée de Mâcon), *Souvenir de la place Montanara à Rome* (musée d'Autun), *les Fouilles à Pompéi* (musée du Luxembourg), *Repas de noce chez un paysan de Capri* (musée de Valenciennes), *Jeunesse* (Grande chancellerie de la Légion d'honneur), etc.

Dans la dernière étape de sa carrière, Édouard Sain, sans renoncer aux compositions, qui répondaient si parfaitement à la joie émue de sa pensée, se tourna vers le portrait et ceux qu'il exécuta constituent une véritable galerie de contemporains. Tour à tour on vit paraître, soit au Salon de la Société des Artistes, soit au Salon de la Société nationale, dont il fut un des premiers adhérents, des portraits dont il est impossible de perdre le souvenir : ceux de MM. Hutinet (1876), T. Lambrecht (1877), marquise de Grouchy, comtesse Adrien de Brimont (1878), vicomtesse de Montreuil, baronne Morio de l'Isle,

M. Gaillard de Witt (1880), Mme Gélibert des Seguins, M. Léon Bienvenu (1881), Mme Adrien Allez (1882), Mme de Morenghe, la baronne de Benoist (1883), Mme Émilie Sain (1886), M. Delsart, le célèbre violoncelliste (ce dernier portrait aujourd'hui au musée de Valenciennes, ainsi que celui de l'architecte du Louvre, M. Édouard Guillaume), MM. Willy Martens, Mascart, de l'Institut, Ch. Jouglez, Dutart, Mmes Gérard, Charles Max, baronne Camille de Rochetaillée, comtesse de Rochefort, Marguerite Lévy, Bance, Grandjarry, etc., etc.

Je n'ai cité ces noms que pour établir en quelle estime était tenu le talent d'Édouard Sain. Et voici que tout ce que contenait l'atelier du peintre va être dispersé. Les amateurs qui fréquentaient chez lui, les personnes illustres dont il fixa les traits, les gens qui goûtaient chez Édouard Sain l'ami autant que l'artiste, ne manqueront point, j'en ai la certitude, de venir revoir une fois encore tant de morceaux d'un art délicat, ces morceaux qui étaient fêtés par chacun comme de vieilles connaissances, et ce sera payer un juste tribut à la mémoire de ce peintre qui fut en même temps un être d'une insigne bonté, que de ne point laisser s'en aller au hasard d'enchères indifférentes, mais bien d'enchères soutenues et chaudes, toutes ces peintures, pastels, dessins, esquisses, qu'il a marqués d'un sursaut de son âme émue et tendre !

L. ROGER-MILÈS.

ATELIER SAIN

TABLEAUX

1 — *Martyre.*

Toile. Haut., 48 cent.; larg., 35 cent.

Porte au dos le n° 7.

2 — *Fioretta.*

Jeune fille arrosant des fleurs.

Toile. Haut., 70 cent. 1/2; larg., 40 cent.

Porte au dos le n° 9.

3 — *La Vérité.*

Figure nue.

Toile. Haut., 90 cent ; larg., 40 cent.

Porte au dos le n° 15.

4 — *Petite baigneuse.*

Figure nue se regardant dans l'eau.

Toile. Haut., 38 cent.; larg., 55 cent.

Porte au dos le n° 16.

5 — *Chrysis.*

Nudité.

Tête de rousse, cheveux flottants. Les seins couverts de tulle.

Grandeur nature.

Toile. Haut., 61 cent.; larg., 50 cent.

Porte au dos le n° 18.

6 — *Lina la Rousse.*

Tête de trois quarts. Torse nu. Cheveux tombant sur le dos et sur l'épaule.

Toile. Haut., 55 cent.; larg., 46 cent.

Porte au dos le n° 28.

7 — *Denise.*

Profil de rousse.

Toile. Haut., 55 cent.; larg., 46 cent.

Porte au dos le n° 31.

8 — *Mousquetaire.*

En pied. Costume rouge, écharpe verte.

Toile. Haut., 56 cent.; larg., 38 cent.

Porte au dos le n° 31/2.

9 — *Rêve d'amour.*

Femme nue couchée, endormie ; l'Amour lui décoche une flèche.

Toile. Haut., 27 cent. ; larg. 36 cent. 1/2,

Porte au dos le n° 33.

10 — *Premier rayon. Graziella enfant.*

Pastel.

Haut., 52 cent.; larg., 40 cent.

Porte au dos le n° 14.

11 — *Esquisse d'Orientale.*

Toile. Haut., 65 cent. ; larg., 45 cent.

Porte au dos le n° 34 *bis.*

12 — *Sous les figuiers.*

Jeune femme assise. Turban blanc, corsage vert.

Toile. Haut., 61 cent.; larg., 46 cent.

Porte au dos le n° 42.

13 — *Tarentelle ou Tarascone.*

Danse napolitaine sur une terrasse (ou pergola) se détachant sur la mer. Vingt et un personnages.

Toile. Haut., 1 m. 24; larg., 1 m. 75.

Porte au dos le n° 48.

14 — *Vierge de deuil.*

Souvenir de l'incendie du Bazar de la Charité. Esquisse.

Toile. Haut., 41 cent.; larg., 27 cent.

Porte au dos le n° 52.

15 — *Douce ivresse (Capri).*

Jeune fille portant une cruche sur la tête. Elle s'arrête pour permettre à un jeune laboureur de boire par le goulot.

Se détache sur la mer et le Vésuve au loin.

Toile. Haut., 1 m. 32; larg., 90 cent.

Porte au dos le n° 60.

16 — *Parthénote.*

Femme symbolisant Napoli.

En pied, grandeur nature, drapée dans un péplum.

Toile. Haut., 1 m. 51 ; larg., 86 cent.

Porte au dos le n° 61.

17 — *La Bonne aventure.*

Trois figures.

Vieille Italienne prédisant l'avenir à deux fillettes.

Toile. Haut., 81 cent. ; larg., 65 cent.

Porte au dos le n° 72.

18 — *Retour de l'école.*

Deux fillettes au détour du chemin.

Souvenir d'Écouen.

Toile avec cadre. Haut., 60 cent.; larg., 52 cent.

Porte au dos le n° 96.

19 — *Rosetta de Capri.*

Fond ciel bleu.

Toile. Haut., 57 cent.; larg., 46 cent.

Porte au dos le n° 105.

20 — *Femme de face.*

Fleurs bleues et blanches dans les cheveux. Corsage décolleté (mousseline bleue et blanche).

Toile. Haut., 41 cent.; larg., 33 cent.

Porte au dos le n° 111.

21 — *Italienne à la fiaschetta.*

Toile. Haut., 55 cent.; larg., 46 cent. 1/2.

Porte au dos le n° 118.

22 — *Italienne comptant ses louis d'or.*

Toile. Haut., 55 cent.; larg., 46 cent.

Porte au dos le n° 137.

23 — *Chloris.*

Buste de femme arrangeant des fleurs dans un vase d'étain.

Toile. Haut., 81 cent.; larg., 65 cent.

Porte au dos le n° 139.

24 — *Volupté.*

Buste de femme renversée, accoudée sur un coussin. Torse nu, en chemise.

Toile. Haut., 61 cent.; larg., 46 cent.

Porte au dos le n° 143.

25 — *Moine de San Francisco.*

Grandeur nature, avec mains.

Toile. Haut., 80 cent. 1/2; larg., 57 cent. 1/2.

Porte au dos le n° 62.

26 — *Danaé.*

Femme nue couchée.

Toile. Haut., 51 cent. ; larg., 65 cent.

Porte au dos le n° 87.

27 — *Pêcheuses d'Ault.*

Deux femmes préparant la vente des moules.

Toile. Haut., 1 m. 47 ; larg., 1 m. 12.

Porte au dos le n° 167.

28 — *Sourire.*

Tête de femme blonde décolletée, demi-grandeur ; tulle et corsage blanc.

Toile. Haut., 40 cent. 1/2 ; larg., 32 cent. 1/2.

Porte au dos le n° 180/200.

29 — *L'Acquaiuolo.*

Garçon napolitain à la cruche sur l'épaule. Grandeur nature. Fond mer et ciel.

Toile. Haut., 80 cent. ; larg., 65 cent.

Porte au dos le n° 185.

30 — *Jeune Orientale.*

Cheveux bruns, fichu rouge, boléro jaune.

Toile. Haut., 46 cent. ; larg., 38 cent.

Porte au dos le n° 186.

31 — *Avant le bal.*

Robe rose, cercle d'or aux cheveux.

Toile. Haut., 61 cent. ; larg., 50 cent.

Porte au dos le n° 189.

32 — *Les Filles du serrurier.*

Intérieur d'Ault. Deux sœurs mangeant des pommes de terre.

Toile. Haut., 71 cent.; larg., 61 cent.

Porte au dos le n° 191.

33 — *Chambre de ferme, à Ault.*

Vieillesse et berceau.

Toile. Haut., 51 cent.; larg., 63 cent.

Porte au dos le n° 193.

34 — *Une Rue d'Ana Capri.*

Paysage, deux porteuses de fruits.

Toile. Haut., 70 cent.; larg., 40 cent.

Porte au dos le n° 194/214.

35 — *Printemps.*

Tête de blonde, torse nu ; fond vert, blanc pâle.

Toile. Haut., 55 cent.; larg., 46 cent.

Porte au dos le n° 198.

36 — *Espagnole à la collerette.*

Tête de brune, collerette blanche, corsage rouge.

Toile. Haut., 46 cent.; larg., 38 cent.

Porte au dos le n° 200.

37 — *Blondinette de Capri.*

Cheveux ébouriffés, corsage vert.

Toile. Haut., 34 cent.; larg., 27 cent.

Avec cadre.

Porte au dos le n° 203.

38 — *Jeune Italienne tenant une fiaschetta (fiole de vin).*

Toile. Haut., 81 cent.; larg., 65 cent.

Porte au dos le n° 228.

39 — *La Frisée.*

Fille du peuple, langoureuse. Fond brun, corsage blanc.

Toile. Haut., 46 cent.; larg., 37 cent. 1/2.

Porte au dos le n° 239.

40 — *Parisienne.*

Femme en pied. Toilette noire décolletée. Fond vert.

Toile. Haut., 61 cent.; larg., 38 cent.

Porte au dos le n° 240.

41 — *Nettoyage des cuivres.*

Hollandaise assise, corsage de velours noir, jupe blanche, nettoyant ses cuivres.

Toile. Haut., 55 cent.; larg., 46 cent.

Porte au dos le n° 241.

42 — *Un cardinal.*

Toile. Haut., 54 cent.; larg., 46 cent.

Porte au dos le n° 242.

43 — *Romaine.*

Tête de femme.

Toile. Haut., 40 cent. 1/2; larg., 30 cent. 1/2.

Porte au dos le n° 242 *bis*.

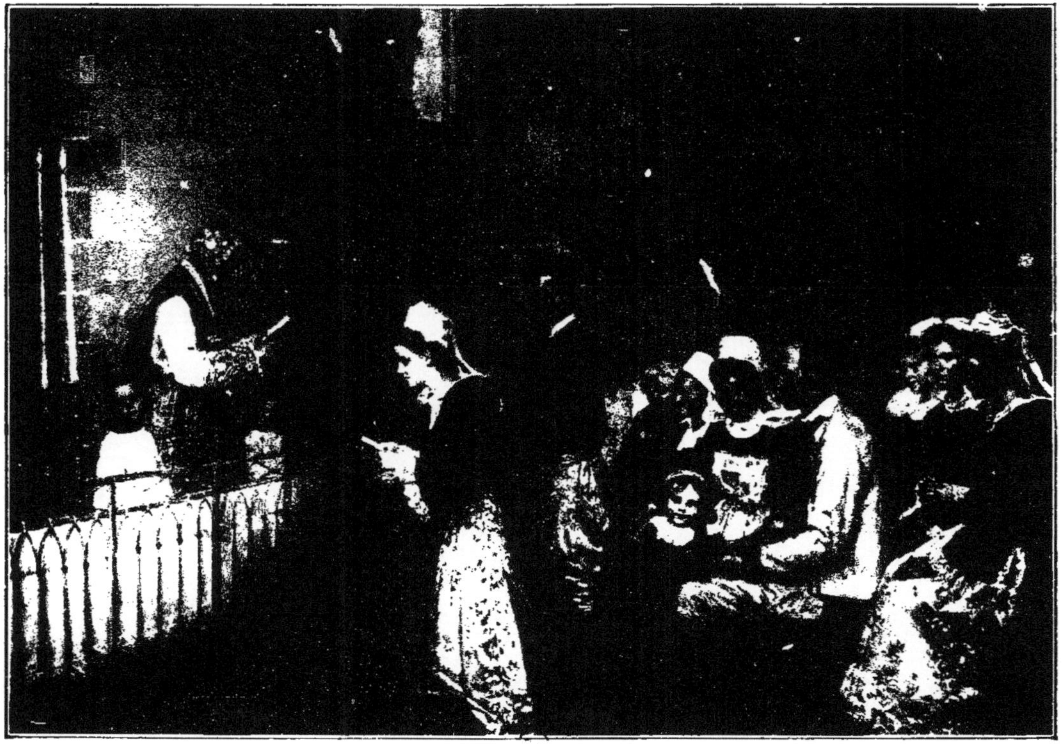

N° 65. — EDOUARD SAIN. *Mariage breton à l'église de Concarneau.*

44 — *Chasseresse à l'affût.*

Femme nue, vue de dos, cheveux roux flottants. Fond paysage.

Toile. Haut., 65 cent.; larg., 46 cent.

Porte au dos le n° 243.

45 — *Rapin à la palette.*

Tête et buste, cheveux roux.

Toile. Haut., 40 cent. 1/2; larg., 33 cent.

Porte au dos le n° 249.

46 — *La Bonne pipe.*

Paysan breton.

Toile. Haut., 46 cent. ; larg., 38 cent.

Porte au dos le n° 251.

47 — *Seigneur Henri II.*

Costume de velours, collerette blanche. Demi-nature.

Toile. Haut., 61 cent.; larg., 50 cent.

Porte au dos le n° 254.

48 — *Vieux berger en prière.*

Toile. Haut., 55 cent.; larg., 45 cent. 1/2.

Porte au dos le n° 255.

49 — *Ophélie.*

Toile. Haut., 1 mètre; larg., 65 cent.

Porte au dos le n° 264.

50 — *Pêcheurs de truites (Pont-Aven).*

Jeunes Bretons offrant leur pêche aux passants.

Toile. Haut., 73 cent.; larg., 54 cent.

Porte au dos le n° 265.

51 — *L'Espiègle (Pont-Aven).*

Fillette bretonne chatouillant un jeune Breton endormi.

Toile. Haut., 73 cent.; larg., 54 cent.

Porte au dos le n° 265 *bis*.

52 — *Maison d'Ana Capri.*

Toile. Haut., 57 cent.; larg., 46 cent.

Porte au dos le n° 269.

53 — *Figuiers à Ana Capri.*

Toile. Haut., 36 cent.; larg., 48 cent.

Porte au dos le n° 270.

54 — *Vue de Pont-Aven.*

Toile. Haut., 61 cent.; larg., 45 cent. 1/2.

Porte au dos le n° 271.

55 — *Casa Cella, à Ana Capri.*

Toile. Haut., 64 cent.; larg., 55 cent.

Porte au dos le n° 276.

56 — *La Femme au masque.*

Toile. Haut., 54 cent. 1/2; larg., 45 cent. 1/2.

Porte au dos le n° 279.

57 — *Charité maternelle.*

Jeune femme allaitant son enfant et celui de sa voisine malade, qui est à ses côtés.

Toile. Haut., 1 m. 05 ; larg., 69 cent.

Porte au dos le n° 282.

58 — *Retour de la vigne (Capri).*

Deux figures.

Toile. Haut., 98 cent. ; larg., 32 cent.

Porte au dos le n° 283.

59 — *Menirrha.*

Jeune fille de Nazareth.

Toile. Haut., 81 cent. ; larg., 65 cent.

Porte au dos le n° 284.

60 — *Poétesse couronnée.*

Figure grandeur nature. Péplum jaune, fond bleu.

Toile. Haut., 61 cent. ; larg., 46 cent. 1/2.

Porte au dos le n° 285.

61 — *Bretonne à Pont-Aven.*

Se détachant sur un fond de paysage.

Toile. Haut., 55 cent.; larg., 38 cent.

Porte au dos le n° 286.

62 — *Jeune fille au raisin (Capri).*

Toile. Haut., 32 cent.; larg., 24 cent.

Porte au dos le n° 292.

63 — *Ramoneur au soleil.*

Il est assis sur un talus.

Toile. Haut., 50 cent.; larg., 50 cent.

Porte au dos le n° 293.

64 — *Profil de Christ.*

Étude très poussée pour le tableau : *Jésus et la Samaritaine.*

Toile. Haut., 48 cent. 1/2; larg., 34 cent. 1/2.

Porte au dos le n° 303.

65 — *Mariage breton à l'église de Concarneau.*

Quinze personnages.

Toile. Haut., 81 cent.; larg., 1 m. 16.

Porte au dos le n° 304.

66 — *Espagnole à la mantille.*

Grandeur nature. Fleurs jaunes dans les cheveux.

Toile. Haut., 55 cent.; larg., 46 cent.

Porte au dos le n° 306.

67 — *Charmeuse d'oiseaux.*

Figure nue. Fond de paysage.

Toile. Haut., 65 cent.; larg., 46 cent.

Porte au dos le n° 307.

68 — *Un Garde-chasse.*

Toile. Haut., 44 cent. 1/2; larg., 35 cent.

Porte au dos le n° 312.

69 — *Émilia.*

Jeune Romaine.
Dessin à la sanguine.

Haut., 66 cent.; larg., 50 cent.

Porte au dos le n° 314.

70 — *Pêcheuse guettant le retour de la barque.*

Mer démontée.

Toile. Haut., 46 cent.; larg., 38 cent.

Porte au dos le n° 321.

71 — *Évêque.*

Toile. Haut., 41 cent.; larg., 33 cent.

Porte au dos le n° 325.

72 — *Vieux paysan.*

Grandeur nature.

Toile. Haut., 1 m. 46; larg., 96 cent.

Porte au dos le n° 88.

73 — *Vénus sortant de l'onde.*

Toile. Haut., 61 cent.; larg., 46 cent.

Porte au dos le n° 329.

74 — *Diane.*

Figure nue.

Toile. Haut., 65 cent.; larg., 43 cent. 1/2.

Porte au dos le n° 332.

75 — *Don d'une église par Mme de Rochetaillée.*

Esquisse.

Haut., 63 cent. 1/2; larg., 40 cent.

Porte au dos le n° 119.

76 — *Brouette improvisée.*

Enfants tirant leur petit père. Fond de paysage, maison sur la droite.

Toile. Haut., 27 cent.; larg., 35 cent. 1/2

Porte au dos le n° 334.

77 — *Jeune page.*

Toile. Haut., 65 cent.; larg., 43 cent

Porte au dos le n° 338.

78 — *Couturière.*

Toile. Haut., 61 cent.; larg., 46 cent.

Porte au dos le n° 339.

79 — *Nanarella ou le Repos (Capri).*

Jeune fille assise.

Toile. Haut., 1 m. 50; larg., 97 cent.

Porte au dos le n° 346.

80 — *Rêveuse.*

Tête de rousse.

Toile. Haut., 55 cent.; larg., 46 cent.

Porte au dos le n° 375.

81 — *Les Enfants au pré (Écouen).*

Toile. Haut., 43 cent.; larg., 60 cent

Porte au dos le n° 359.

82 — *Les Bonnes d'enfants.*

Toile. Haut., 43 cent.; larg., 60 cent.

Porte au dos le n° 362.

83 — *Liseuse.*

Femme nue rousse (torse), cheveux tombants.

Toile. Haut., 65 cent. 1/2; larg., 54 cent. 1/2.

Portant au dos le n° 364.

84 — *Napoléon III et l'impératrice visitant la crèche de la sœur Rosalie, à Paris, rue Gracieuse.*

Toile. Haut., 43 cent.; larg., 60 cent.

Portant au dos le n° 366.

85 — *Souvenir du fiancé.*

Jeune fille priant devant une croix.

Toile. Haut., 92 cent.; larg., 72 cent. 1/2.

Portant au dos le n° 367.

86 — *Bacchante au repos.*

Toile. Haut., 61 cent.; larg., 46 cent.

Portant au dos le n° 370.

87 — *Communiante.*

Toile. Haut., 46 cent.; larg., 38 cent.

Portant au dos le n° 379.

88 — *Freitta d'Ischia.*

Toile. Haut., 46 cent.; larg., 38 cent,

Porte au dos le n° 380.

89 — *Innocence.*

Tête de rousse.

Toile. Haut., 55 cent.; larg., 46 cent.

Porte au dos le n° 391.

90 — *Medina.*

Profil de femme regardant à droite du spectateur.

Pastel.

Haut., 45 cent. 1/2; larg., 38 cent.

Porte au dos le n° 324/2.

91 — *Marguerite.*

Pastel.

Haut., 60 cent.; larg., 42 cent.

Porte au dos le n° 166.

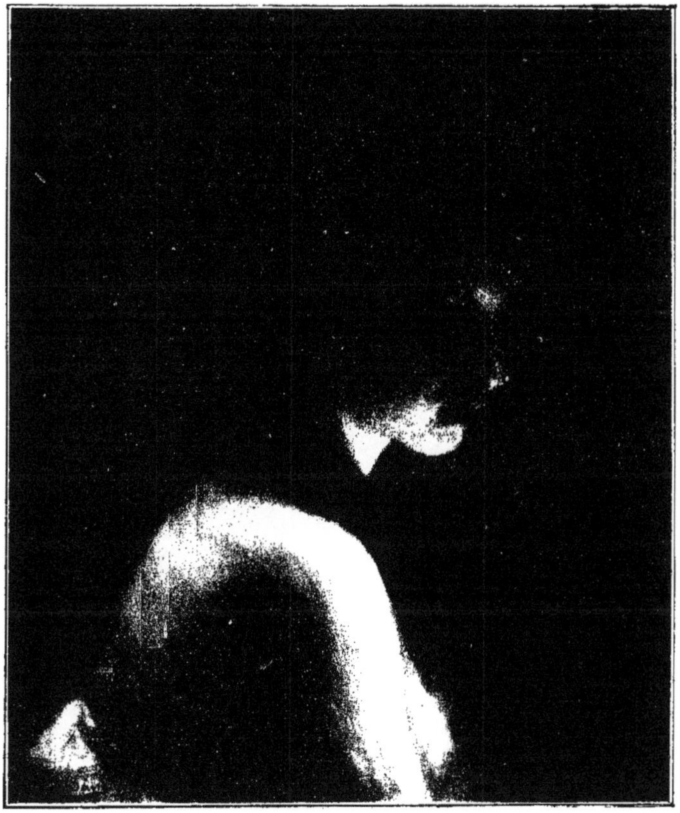

N° 6. — ÉDOUARD SAIN. *Lina la Rousse.*

ÉTUDES

92 — *Fileuse.*

Haut., 35 cent.; larg., 27 cent.

Porte au dos le n° 409.

93 — *Chêne de Clovis (forêt de Fontainebleau).*

Haut., 33 cent. 1/2; larg., 27 cent.

Porte au dos le n° 9.

94 — *Paysage près Écouen.*

Haut., 34 cent. 1/2; larg., 26 cent.

Porte au dos le n° 212.

95 — *Paysage (Écouen).*

Deux arbres à droite.

Haut., 24 cent.; larg., 18 cent. 1/2.

Porte au dos le n° 16.

96 — *Soleil couchant (Écouen).*

Haut., 23 cent.; larg., 16 cent. 1/2.

Porte au dos le n° 219.

97 — *La Seine à Sannois.*

Haut., 16 cent.; larg., 26 cent. 1/2.

Porte au dos le n° 18.

98 — *Soleil couchant.*

Haut., 16 cent. 1/2; larg., 27 cent.

Porte au dos le n° 336.

99 — *Cap Campanello, vu de Capri.*

Haut., 25 cent.; larg., 32 cent

Porte au dos le n° 42.

100 — *Meule de foin et figure (Écouen).*

Haut., 22 cent. 1/2 ; larg., 33 cent. 1/2.

Porte au dos le n° 253.

101 — *Lo Spanditogo.*

Haut., 27 cent.; larg., 42 cent. 1/2.

Porte au dos le n° 58.

102 — *Le Foudroyé.*

Sur l'escalier d'Ana-Capri.

Haut., 31 cent.; larg., 24 cent.

Porte au dos le n° 63.

103 — *Chants du soir (Capri).*

Haut., 29 cent. 1/2 ; larg., 24 cent.

Porte au dos le n° 72.

104 — *Paysans fuyant la malaria (Rome).*

Haut., 32 cent.; larg., 24 cent.

Porte au dos le n° 67.

105 — *Tortue.*

Haut., 21 cent. 1/2; larg., 31 cent.

Porte au dos le n° 71.

106 — *Pêcheurs au trident (Capri).*

Haut., 23 cent.; larg., 41 cent. 1/2.

Porte au dos le n° 73.

107 — *Marchande de raisin, à Naples.*

Haut., 21 cent.; larg., 15 cent.

Porte au dos le n° 75.

108 — *Marchande de tambourella (Naples).*

Haut., 20 cent.; larg., 15 cent.

Porte au dos le n° 76.

109 — *Tarascone.*

Danse napolitaine.

Haut., 23 cent. 1/2 ; larg., 32 cent. 1/2.

Porte au dos le n° 82.

110 — *Les Fouilles de Pompéi.*

Haut., 24 cent.; larg., 34 cent.

Porte au dos le n° 106.

111 — *Un Rêve.*

Haut., 18 cent. ; larg., 29 cent. 1/2.

Porte au dos le n° 83.

112 — *Paysage à Écouen.*

Deux figures.

Haut., 16 cent.; larg., 27 cent.

Porte au dos le n° 273.

113 — *Marée basse à Villerville.*

Haut., 26 cent. 1/2 ; larg., 32 cent. 1/2.

Porte au dos le n° 116.

114 — *Mer agitée et estacade, à Sanvic.*

Haut., 27 cent.; larg., 35 cent.

Porte au dos le n° 388.

115 — *Passage de soldats à Écouen.*

Haut., 25 cent.; larg., 32 cent.

Porte au dos le n° 110.

116 — *Petites falaises.*

Haut., 11 cent. ; larg., 17 cent. 1/2.

Porte au dos le n° 129.

117 — *Paysage à Écouen.*

A l'ombre, deux figures.

Haut., 13 cent.; larg., 17 cent.

Porte au dos le n° 284.

118 — *Fond de rochers. Paysage à Capri.*

Haut., 24 cent. 1/2; larg., 24 cent. 1/2.

Porte au dos le n° 136.

119 — *Fillette. Paysage à Écouen.*

Haut., 25 cent.; larg., 24 cent.

Porte au dos le n° 220.

120 — *Rochers de Tibère, à Capri.*

Haut., 13 cent. 1/2; larg., 33 cent.

Porte au dos le n° 142.

121 — *Ischia, vue d'Ana Capri.*

Haut., 15 cent.; larg., 33 cent.

Porte au dos le n° 181.

122 — *A Limbo (Ana Capri).*

Haut., 21 cent.; larg., 36 cent.

Porte au dos le n° 150.

123 — *Paysage de Pompéi.*

Haut., 19 cent. 1/2; larg., 33 cent. 1/2.

Porte au dos le n° 175.

124 — *Tête de jeune Capriote en plein soleil.*

Haut., 19 cent.; larg., 16 cent. 1/2.

Porte au dos le n° 158.

125 — *Tête de Pompéienne moderne.*

Haut., 22 cent.; larg., 16 cent.

Porte au dos le n° 160.

126 — *Rocher de Tibère, vu de la Grande Marine, à Capri.*

Haut., 16 cent. ; larg., 34 cent. 1/2

Porte au dos le n° 164.

127 — *Le Vésuve, vu de Pompéi.*

Haut., 12 cent. ; larg., 36 cent. 1/2.

Porte au dos le n° 165.

128 — *Vue prise de la Grande Marine, à Capri.*

Haut., 12 cent. ; larg., 17 cent. 1/2.

Porte au dos le n° 171.

129 — *Étude de campagne.*

Haut., 10 cent. 1/2 ; larg., 17 cent. 3/4.

Porte au dos le n° 368.

130 — *Étude printanière, à Capri.*

Haut., 22 cent. ; larg., 34 cent.

Porte au dos le n° 189.

131 — *Au Jardin des Plantes.*

Haut., 25 cent. 1/2 ; larg., 33 cent. 1/2.

Porte au dos le n° 213.

132 — *Maison de Capri, sur ciel du soir.*

Haut., 24 cent. 1/2 ; larg., 14 cent. 1/2.

Porte au dos le n° 194.

133 — *Paysage à Écouen.*

Haut., 26 cent. 1/2; larg., 16 cent. 1/2.

Porte au dos le n° 218,

134 — *Figure sur ciel bleu.*

Haut., 23 cent. 1/2; larg., 14 cent. 1/2.

Porte au dos le n° 198.

135 — *Fillette au champ, ciel du soir.*

Haut., 24 cent.; larg., 16 cent.

Porte au dos le n° 266.

136 — *Retour de la vigne, ciel du matin.*

Haut., 18 cent. 1/2; larg., 31 cent.

Porte au dos le n° 201.

137 — *Naples, vu de Capri.*

Haut., 20 cent.; larg., 27 cent.

Porte au dos le n° 342.

138 — *Mont de Castellamare, vu de Pompéi.*

Haut., 15 cent.; larg., 33 cent. 1/2.

Porte au dos le n° 204.

139 — *Lavoir à Saint-Jean-de-Luz.*

Haut., 22 cent.; larg., 34 cent.

Porte au dos le n° 211.

140 — *La Grenouillère, à Chatou.*

Haut., 19 cent. 1/2; larg., 32 cent.

Porte au dos le nº 356.

141 — *Cabine à marée basse (Villerville).*

Haut., 32 cent.; larg., 26 cent.

Porte au dos le nº 217.

142 — *Marée basse à Ault.*

Haut., 28 cent.; larg., 33 cent.

Porte au dos le nº 376.

143 — *Arbre au soleil couchant (Écouen).*

Haut., 16 cent.; larg., 21 cent.

Porte au dos le nº 226.

144 — *Rocher de Tibère.*

Haut., 17 cent. 1/2; larg., 21 cent. 1/2.

Porte au dos le nº 408.

145 — *Rue montante (Saint-Jean-de-Luz), 1859.*

Haut., 34 cent.; larg., 26 cent.

Porte au dos le nº 228.

146 — *Cascarote. Femme de Saint-Jean-de-Luz.*

Haut., 29 cent.; larg., 16 cent.

Porte au dos le nº 230.

147 — *Femme basque.*

Haut., 29 cent.; larg., 18 cent.

Porte au dos le n° 364.

148 — *Chemin de l'école (Écouen).*

Haut., 34 cent; larg., 27 cent.

Porte au dos le n° 231.

149 — *Femme et enfant à Saint-Jean-de-Luz.*

Haut., 32 cent.; larg., 25 cent.

Porte au dos le n° 246.

150 — *Jeune paysan devant un champ de blé.*

Haut., 32 cent.; larg., 24 cent. 1/2.

Porte au dos le n° 249.

151 — *Bateaux à Sanvic.*

Haut., 34 cent. 1/2; larg., 26 cent 1/2.

Porte au dos le n° 254.

152 — *Ischia, vue de la Milliara (Capri).*

Haut., 33 cent.; larg., 26 cent.

Porte au dos le n° 406.

153 — *Rochers et peupliers (Fontainebleau).*

Haut., 32 cent.; larg., 24 cent.

Porte au dos le n° 259.

154 — *Tombée de cendres au Vésuve.*

Haut., 31 cent. 1/2; larg., 20 cent.

Porte au dos le n° 367.

155 — *En contemplation devant la mer, à Saint-Jean-de-Luz.*

Deux figures.

Haut., 22 cent.; larg., 17 cent.

Porte au dos le n° 265.

156 — *Bébé tambourinant sur une casserole.*

Haut., 22 cent.; larg., 18 cent.

Porte au dos le n° 375.

157 — *Jeune fille à genoux.*

Haut., 17 cent. 1/2; larg., 14 cent.

Porte au dos le n° 276.

158 — *Fillettes aux champs, soleil couchant.*

Haut., 16 cent. 1/2; larg., 12 cent.

Porte au dos le n° 285.

159 — *Rochers dans la mer (Biarritz).*

Haut., 32 cent.; larg., 14 cent. 1/2.

Porte au dos le n° 287.

160 — *Fariglione et rochers de Tragara (Capri).*

Haut., 28 cent.; larg., 12 cent.

Porte au dos le n° 361.

161 — *Arbres en automne; chute des feuilles.*

Haut., 31 cent. 1/2 ; larg., 22 cent.

Porte au dos le n° 289.

162 — *Dessous de bois.*

Haut., 31 cent.; larg., 23 cent. 1/2.

Porte au dos le n° 318.

163 — *Plaisir des champs; les coquelicots.*

Haut., 34 cent. 1/2 ; larg., 27 cent.

Porte au dos le n° 307.

164 — *Paysage à Écouen, à l'ombre.*

Haut., 26 cent.; larg., 17 cent.

Porte au dos le n° 323.

165 — *Barques de pêcheurs.*

Haut., 26 cent. 1/2; larg., 17 cent. 1/2.

Porte au dos le n° 332.

166 — *Le Vésuve, vu de Pompéi.*

Haut., 34 cent.; larg., 24 cent.

Porte au dos le n° 373.

167 — *Roches à Biarritz.*

Haut., 35 cent.; larg., 23 cent.

Porte au dos le n° 381.

168 — *Cour de ferme, à Écouen.*

Haut., 28 cent.; larg., 22 cent.

Porte au dos le n° 383.

169 — *Église d'Ézanville.*

Haut., 17 cent.; larg., 15 cent.

Porte au dos le n° 390.

170 — *Maison de Rome, près la Roche Tarpeienne.*

Haut., 31 cent ; larg., 24 cent.

Porte au dos le n° 402.

171 — *Marée basse (Villerville).*

Haut., 30 cent.; larg., 24 cent.

Porte au dos le n° 405.

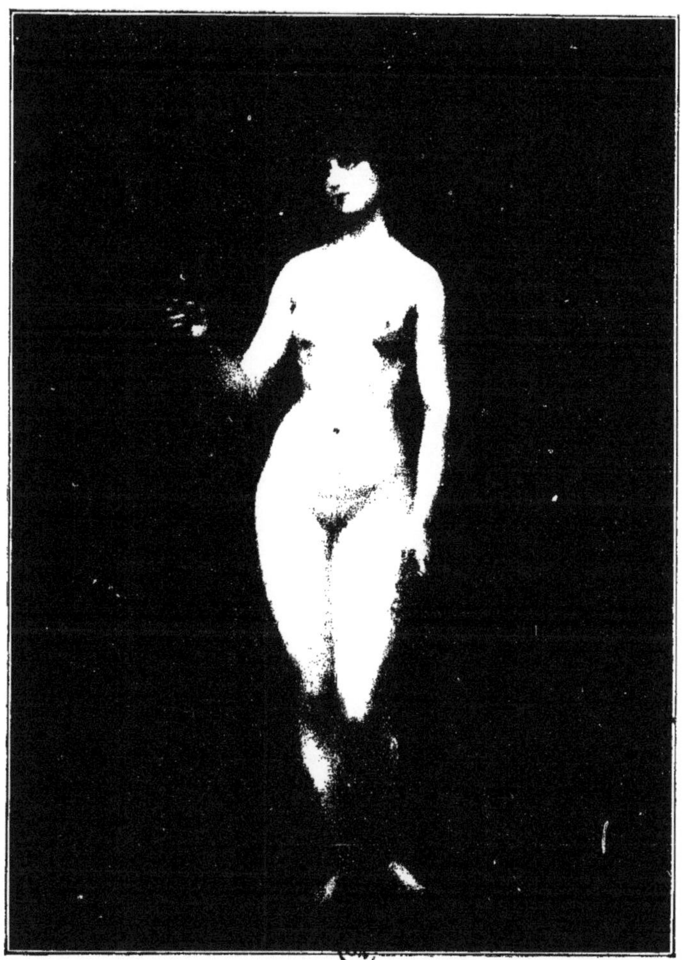

N° 67. — ÉDOUARD SAIN. *Charmeuse d'oiseaux.*

ÉCOLE FRANÇAISE

(XVIIIe SIÈCLE)

172 — *Portrait d'un officier.*

Toile. Haut., 40 cent.; larg., 32 cent. 1/2.

ÉCOLE FRANÇAISE

(XVIIIe SIÈCLE)

173 — *Portrait d'une dame âgée.*

Toile. Haut., 40 cent.; larg., 32 cent. 1/2.

ÉCOLE FRANÇAISE

(XVIIIe SIÈCLE)

174 — *Portrait d'une dame.*

Toile. Haut., 40 cent.; larg., 32 cent. 1/2.

ÉCOLE FRANÇAISE

(XVIIIe SIÈCLE)

175 — *Portrait de jeune homme.*

Toile. Haut., 40 cent.; larg., 32 cent 1/2.

ÉCOLE FRANÇAISE

(XVIIIe SIÈCLE)

176 — *Portrait de femme en rose.*

Toile. Haut., 40 cent.; larg., 32 cent. 1/2.

ÉCOLE FRANÇAISE

(XVIIIe SIÈCLE)

177 — *Portrait d'un officier tenant son fils dans ses bras.*

Toile. Haut., 40 cent.; larg., 32 cent. 1/2.

ÉCOLE FRANÇAISE

(XVIIIe SIÈCLE)

178 — *Portrait d'une dame en robe verte.*

Toile. Haut., 40 cent.; larg., 32 cent. 1/2.

ÉCOLE FRANÇAISE

(XVIIIe SIÈCLE)

179 — *Portrait d'homme vêtu d'un habit de velours noir.*

Toile de forme ovale. Haut., 40 cent.; larg., 32 cent. 1/2.

ÉCOLE FRANÇAISE

(XVIIIe SIÈCLE)

180 — *Portrait d'homme en habit vert.*

Toile de forme ovale. Haut., 63 cent. 1/2 ; larg., 54 cent.

ÉCOLE FRANÇAISE

(XVIIIe SIÈCLE)

181 — *Portrait de jeune femme.*

Toile de forme ovale. Haut., 64 cent. ; larg., 54 cent.

Produit 15.700

www.ingramcontent.com/pod-product-compliance
Ingram Content Group UK Ltd.
Pitfield, Milton Keynes, MK11 3LW, UK
UKHW022143170726
13837UKWH00004B/1756

9 782329 532608